# Les Carnets de la Cabane Magique

Python royal

Tortue géante des Seychelles

Boa constricteur

Cobra royal

Varan de Komodo

Crocodile du Nil

On extrait le venin d'un serpent
pour créer un antivenin.

Un charmeur de serpent
et son cobra.

# Serpents
# et autres reptiles

Pour tous ceux qui aident à la sauvegarde des tortues marines et autres animaux en danger.

Titre original : *Snakes and Other Reptiles*


Illustration de couverture et certaines illustrations intérieures : Philippe de la Fuente.

Loi n° 49-956 du 16 juillet 1949
sur les publications destinées à la jeunesse.
Dépôt légal : janvier 2016 – ISBN : 978-2-7470-5764-6
Imprimé en Italie

Les Carnets de la Cabane Magique

# Serpents et autres reptiles

Mary Pope Osborne
et Natalie Pope Boyce

Traduit de l'anglais (États-Unis)
par Éric Chevreau

Illustré par Sal Murdocca
et Philippe de la Fuente

bayard jeunesse

Cher lecteur,

As-tu aimé nos aventures en Inde, dans *Un cadeau extraordinaire* ? À quoi penses-tu en entendant prononcer le mot « serpent » ? Est-ce que tu t'enfuis en courant ? Il est vrai que cet animal a mauvaise réputation.

Tu n'as pas besoin de partir à l'autre bout du monde pour trouver des serpents : il y en a peut-être tout près de chez toi ! Nous avons donc cherché à en apprendre davantage.

Nous avons découvert qu'ils faisaient partie d'un groupe d'animaux : les reptiles. Nous avons feuilleté des livres à la bibliothèque et consulté des sites sur Internet (tu trouveras à la fin du guide la liste des documents et des sites que nous avons utilisés).

Grâce à ce travail, nous avons appris que certains serpents étaient dangereux pour les hommes, mais que beaucoup d'autres étaient inoffensifs.

Nous avons voulu te faire profiter de nos recherches, illustrées de nombreux dessins et photos. Tu n'as pas peur du grand frisson ? Alors, direction les forêts tropicales, les bois et les champs, pour faire connaissance avec les serpents et autres reptiles !

Tes amis passionnés
d'animaux,
Tom et Léa

# 1

## Une grande famille !

Les reptiles sont sur Terre depuis 310 millions d'années ! Il existe environ 10300 espèces, réparties entre les serpents, les crocodiliens, les lézards, les tortues, auxquels on peut ajouter leurs descendants, les oiseaux, qui comptent 10000 espèces.

Alligators, gavials, crocodiles et caïmans forment le groupe des crocodiliens.

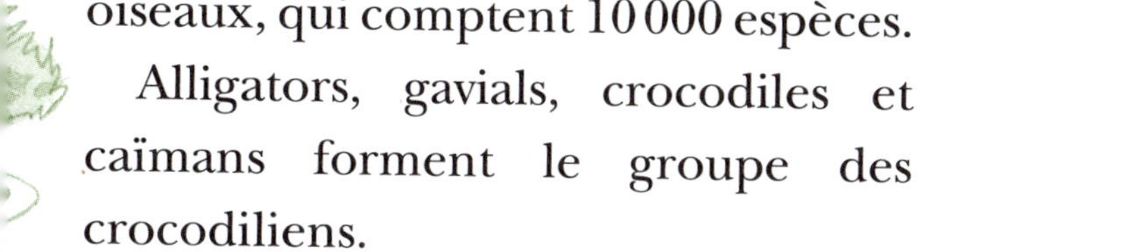

Le crocodile de mer est le plus gros reptile vivant.

Les reptiles sont de toutes les formes, de toutes les couleurs et de toutes les tailles. Certains, comme les crocodiles de mer, mesurent plus de 6 mètres et pèsent plus d'une tonne !

D'autres, tel le gecko nain, mesurent moins de 2 centimètres et pèsent 0,14 gramme.

Il existe des reptiles sur tous les continents, sauf en Antarctique où il fait trop froid. Ils vivent aussi bien sur terre que dans l'eau.

On les rencontre dans les forêts équatoriales, les déserts, les océans, le sommet des arbres, et même dans les jardins !

Les ancêtres des reptiles actuels vivaient il y a des millions d'années. Cette « famille » englobait les tortues, les serpents, les crocodiles, mais aussi les dinosaures et des créatures volantes aussi grosses que des voitures, les ptérosaures ! La plupart de ces premiers reptiles ont disparu.

Les dinosaures et les ptérosaures ont disparu il y a 65 millions d'années.

Les reptiles qui ont survécu sont petit à petit devenus ceux que l'on connaît aujourd'hui. Même s'ils ont des aspects et des comportements différents, les reptiles ont tous des points communs.

## Ils ont des écailles

Les premiers reptiles, y compris les dinosaures, avaient des écailles. Celles-ci contiennent de la *kératine*, une substance qui se trouve aussi dans tes ongles et tes cheveux.

Les écailles ont, selon les espèces, des motifs différents qui permettent de les distinguer entre elles.

Voici un agrandissement d'écailles de python.

Les serpents, les lézards et les crocodiles en sont recouverts.

Les carapaces des tortues sont des plaques osseuses qui sont recouvertes d'écailles appelées *scutelles.*

Les ancêtres des oiseaux avaient aussi des écailles. Au cours des millénaires, elles se sont changées en plumes.

Si tu regardes de près les pattes d'un poulet, tu remarqueras qu'elles sont recouvertes d'écailles !

Le corps des reptiles ne cesse jamais d'évoluer. Ils se débarrassent de leur enveloppe extérieure. On appelle cela la *mue*.

Les jeunes reptiles muent six ou sept fois par an, les plus âgés seulement une ou deux fois.

Les crocodiliens, les tortues et les lézards muent par lambeaux, alors que les serpents, sauf les très gros, muent en une seule fois.

Les oiseaux muent aussi : ils perdent leurs plumes, mais elles repoussent.

## Ils ont des œufs

Tous les reptiles naissent dans des œufs. Dans la plupart des espèces, les femelles pondent leurs œufs, qui éclosent ensuite.

Mais, chez certains lézards et serpents, les femelles donnent naissance à des petits déjà formés.

Les œufs se développent et éclosent dans le corps de la mère, puis les bébés sortent.

À part les crocodiliens, un grand nombre de reptiles ne couvent pas leurs œufs. C'est le soleil qui les réchauffe pendant plusieurs semaines et les fait éclore.

## Ils ont le sang froid

Tous les reptiles, sauf les oiseaux, sont des animaux à sang froid. Cela ne signifie pas que leur sang est froid, mais qu'ils ne contrôlent pas la température de leur corps.

Pour régler leur température, ils doivent passer de l'ombre à la lumière, ou inversement du soleil à l'obscurité. Quand il fait très froid, les reptiles entrent en *dormance,* un état proche de l'hibernation. Ils se recroquevillent sous des rochers ou des buissons. On dirait qu'ils dorment.

Leurs fonctions sont ralenties et ils ne mangent plus. Les reptiles en phase de dormance consomment peu d'énergie.

Pendant la dormance, les reptiles ne perdent presque pas de poids.

Lorsqu'il fait très chaud, les reptiles, telle la tortue du désert, s'enterrent ou s'abritent de la chaleur. Ils entrent en phase d'*estivation.*

Comme pour la dormance, les fonctions se ralentissent et le reptile devient passif jusqu'à ce que la température se rafraîchisse.

## Ils ont des vertèbres

Tous les reptiles sont des vertébrés, comme les mammifères (et donc les humains). Ils ont un squelette doté d'une colonne vertébrale constituée de petits os appelés vertèbres.

Les serpents possèdent plus de vertèbres que les autres animaux, jusqu'à 400 ! Chez les humains, on n'en compte que 33.

Grâce à leurs nombreuses vertèbres, les serpents sont très souples.

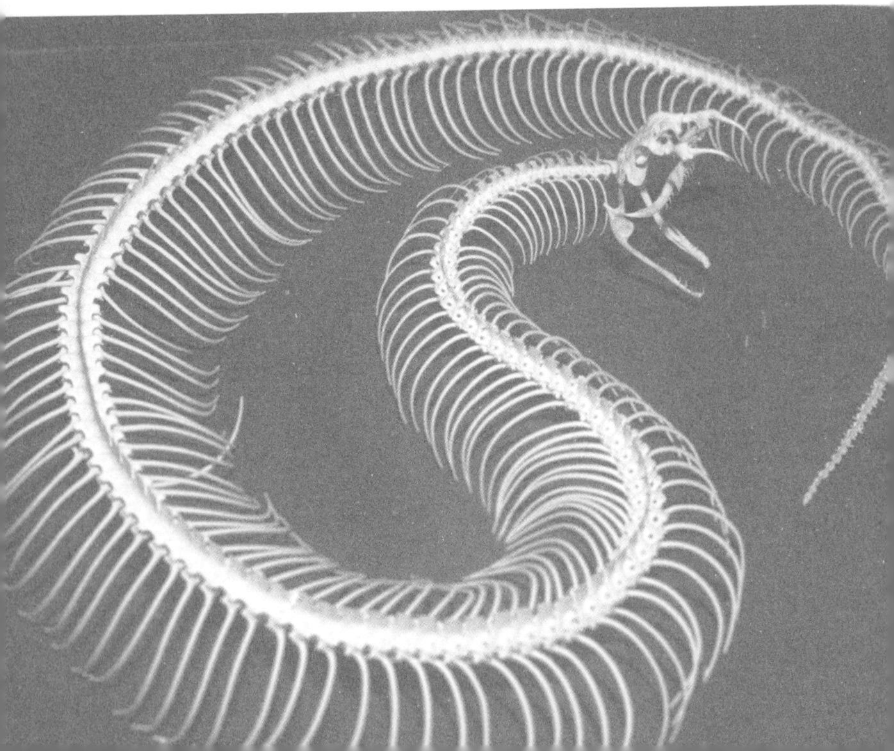

Harriet était une tortue célèbre. Elle a vécu dans un zoo australien pendant plus de 150 ans.

## Un grand âge

La plupart des reptiles vivent plus longtemps que les autres animaux.

Les serpents peuvent vivre plus de 30 ans, les lézards jusqu'à 50 ans, les alligators et les crocodiles, 60 ou 70 ans !

Mais aucun reptile ne dépasse en âge les tortues. Certaines vivent plus de 100 ans.

Les reptiles gagnent vraiment à être connus ! C'est l'un des groupes d'animaux les plus variés sur la planète.

Ils permettent aussi d'en savoir un peu plus sur le passé de la Terre.

# Les oiseaux sont-ils des reptiles ?

Ce livre s'intéresse surtout aux reptiles à sang froid. Les oiseaux, cousins des reptiles actuels, ont le *sang chaud*. La température de leur corps reste la même, quel que soit le temps extérieur. Les mammifères aussi ont le sang chaud.

Les scientifiques croyaient autrefois que les oiseaux n'étaient pas des reptiles. Récemment, ils ont découvert des fossiles, et ils ont adopté une nouvelle manière de classifier les animaux.

Aujourd'hui, les spécialistes regroupent les animaux en fonction de leurs ancêtres communs.

Les ancêtres des oiseaux sont de petits dinosaures dont certains avaient des plumes et des ailes ! Les reptiles et les oiseaux étant parents, ils possèdent des caractéristiques communes.

Le squelette des oiseaux est très proche de celui des crocodiliens.

Les oiseaux ont des griffes, comme les lézards, les crocodiliens et les tortues. Ils ont des écailles sur les pattes et pondent des œufs.

2

# Les serpents

Pendant des milliers d'années, les humains ont craint et respecté les serpents. Beaucoup croyaient que ces animaux possédaient des pouvoirs magiques.

Dans certaines cultures, il existe des mythes et des légendes sur les serpents. En Grèce antique, ils étaient un symbole de guérison et de sagesse.

À certaines époques, les serpents étaient même adorés. En Égypte antique, les cobras étaient considérés comme des dieux. On élevait des temples en leur honneur.

Selon une légende hindoue, le dieu Vishnou se repose dans les anneaux d'un cobra géant.

On trouve encore en Inde des temples en hommage à des dieux serpents. On leur apporte des fleurs et de la nourriture en offrande.

## L'habitat

C'est le nom qu'on donne au milieu où vit un animal ou une plante. Les serpents étant des animaux à sang froid, on n'en trouve ni en Arctique ni en Antarctique car la température y est bien trop basse.

Il n'y en a pas non plus en Irlande, en Islande, au Groenland ni en Nouvelle-Zélande.

Les serpents vivent dans les bois, les champs, les forêts tropicales et même les déserts. Certains, comme le mamba vert, passent leur vie dans les arbres.

Les plus grands serpents, tels l'anaconda ou le python, se prélassent près des points d'eau, au cœur de la jungle. On trouve des serpents dans les régions les plus reculées. Dans les montagnes du Tibet, près de sources d'eau chaude, se cache le serpent de Bailey. Des serpents de mer nagent dans les profondeurs des océans Pacifique et Indien.

## La peau de serpent

En période de mue, les serpents frottent leur nez sur des surfaces rugueuses, comme des rochers ou des troncs d'arbre, pour que leur peau se détache.

La peau s'arrache d'un seul coup, sauf pour les plus gros. La plupart des serpents sont gris, vert olive ou marron. Ces couleurs ternes leur permettent de se fondre dans leur milieu et de passer inaperçus aux yeux de leurs prédateurs.

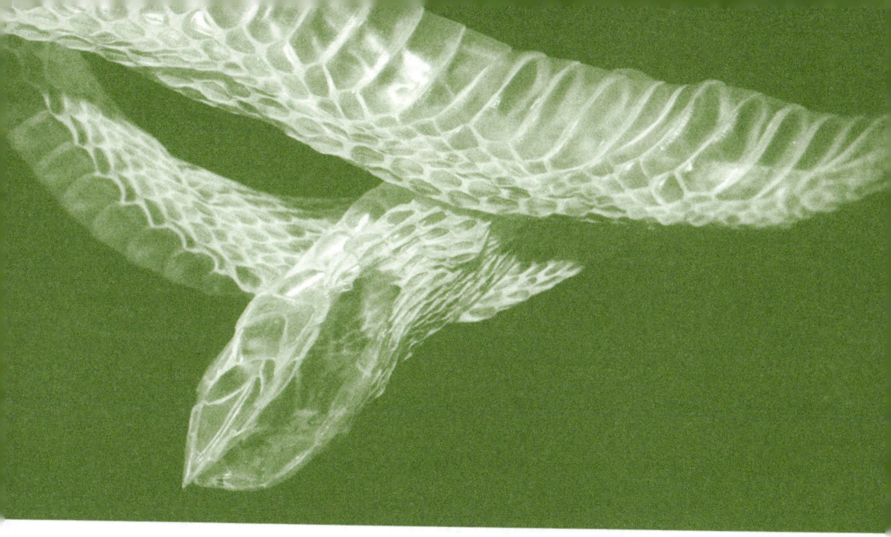

C'est la peau, en une pièce, d'un serpent mangeur d'œufs.

Certains serpents sont jaune, vert ou rouge vif. D'autres, comme le python diamant, arborent de très beaux motifs.

Le boa émeraude des forêts tropicales d'Amérique du Sud a une peau d'un vert scintillant qui accroche la lumière. Le serpent corail de Floride et d'Arizona présente des rayures rouges, noires, jaunes et blanches.

## Le déplacement

Les serpents utilisent leurs muscles et leurs écailles ventrales pour se mouvoir. Selon leur espèce et la surface où ils évoluent, ils se déplacent de façons différentes.

Les pythons, boas et autres gros serpents projettent leur corps en avant. Grâce aux écailles de leur ventre, ils accrochent le sol pour progresser.

Quelques serpents du désert, tel le serpent à sonnette, glissent sur le sable en effectuant un zigzag *latéral,* c'est-à-dire qu'ils avancent de côté.

D'autres serpents ondulent en propageant le mouvement de leur tête au bout de leur queue. Lorsqu'ils grimpent aux arbres, ils lancent leur tête en avant et enroulent le

Voici
les empreintes
d'un serpent
qui se déplace
latéralement.

cou autour d'une branche. Puis ils tirent à eux le reste de leur corps.

Les serpents ne peuvent pas reculer. Donc, pour revenir en arrière, ils effectuent une sorte de demi-tour !

En Indonésie, le serpent volant d'Asie plane dans les airs, d'arbre en arbre.

Les serpents les plus rapides atteignent les 5 kilomètres à l'heure (tu peux courir 2 fois plus vite !). Ils se déplacent sans faire de bruit et se faufilent dans de très petits trous.

## La vision

La plupart des serpents perçoivent bien les mouvements. Si quelque chose ne bouge pas, ils l'ignorent.

Des serpents, tels que le python, la vipère ou le boa, possèdent des orifices près de leurs narines.

La membrane qui tapisse ces orifices détecte la chaleur des animaux à sang chaud, ce qui les aide à chasser dans l'obscurité.

Ces serpents visualisent la silhouette de leur proie : ils seraient capables de repérer leur victime avec les yeux bandés !

Les serpents n'ont pas de paupières.

## L'odorat

Les serpents sentent les odeurs grâce à leur langue. Ils la sortent pour capter les particules odorantes du sol ou de l'air. Ils ont sur leur palais un organe appelé *organe de Jacobson*. Quand les serpents touchent du bout de la langue leur organe, un message

D'autres reptiles ainsi que les éléphants et les lions possèdent également un organe de Jacobson.

La langue du serpent est *fourchue*, c'est-à-dire qu'elle se divise en deux, pour mieux capter les odeurs.

monte jusqu'au cerveau pour leur signaler la présence d'un bon repas ou les avertir d'un danger.

D'après le côté de la langue qui reçoit l'odeur la plus forte, ils savent où se trouve précisément l'animal.

## L'ouïe

Les serpents n'ont pas d'oreille externe. Ils « entendent » un animal qui se déplace au sol en ressentant les vibrations qu'il provoque.

Les ondes sonores se propagent du sol jusqu'aux muscles et aux os de la mâchoire inférieure du reptile. De là, elles voyagent jusqu'à son oreille interne, lui signalant une présence.

Comme les serpents ne perçoivent pas les sons transportés par l'air, tu peux toujours battre le tambour, tirer un coup de canon ou chanter la tyrolienne ! Ils ne sont pas près de t'entendre.

Mais, si tu passes à proximité, les vibrations de tes pas vont les alerter…

## Rester au froid ou au chaud

Les serpents contrôlent leur température en passant de l'ombre à la lumière. Quand il fait froid, ils s'allongent au soleil. Souvent, ils s'aplatissent et se tournent vers le soleil pour capter le plus de chaleur possible.

Lorsqu'ils ont froid, les serpents s'aventurent sur les routes pour profiter de la chaleur du bitume.

Au contraire, pour se rafraîchir, les serpents cherchent à s'abriter sous des rochers, des arbres ou des buissons. Ils peuvent aussi se cacher sous terre dans des terriers de rongeurs ou des termitières.

Les serpents dorment durant les mois d'hiver. Ils se recroquevillent sous des troncs, des pierres ou des broussailles, souvent à plusieurs. Puis ils entrent dans un état de demi-sommeil jusqu'au printemps.

## Bébés serpents

Certains serpents, tels les boas, les serpents d'eau et les serpents à sonnette, donnent naissance à des petits déjà formés.

D'autres pondent des œufs, en général au printemps, et les

abandonnent. Ces derniers éclosent 6 à 8 semaines plus tard.

Les bébés serpents ont une dent spéciale, appelée *dent de délivrance*, pour casser leur coquille.

Naissance de bébés crotales diamantins dans la jungle du Costa Rica.

La femelle python, elle, fabrique un nid où elle dépose ses œufs, puis s'enroule autour pendant 2 mois avant qu'ils éclosent.

Les cobras eux aussi protègent leurs œufs. La femelle du cobra royal rassemble des feuilles et des brindilles pour bâtir son nid.

Après avoir pondu, elle le recouvre de feuilles, et elle s'allonge dessus pour protéger ses œufs.

C'est en dérangeant un nid de cobra royal, tandis qu'ils cherchaient leur rose d'émeraude, que Tom et Léa ont été attaqués[1].

Les scientifiques ont découvert récemment que le crotale molosse, lui, restait au côté de ses petits pendant une semaine, jusqu'à leur première mue.

## La nourriture

Tous les serpents sont carnivores. Les plus petits se nourrissent de rongeurs, de lézards, d'oiseaux, de poissons, d'œufs et d'insectes.

1. Lire le tome 40 de la Cabane magique, *Un cadeau extraordinaire.*

Quand un serpent avale un œuf, des appendices situés sous la vertèbre du cou transpercent la coquille qu'il rejette avant d'ingurgiter le contenu.

Les serpents les plus imposants mangent de gros animaux tels que les cerfs, les singes, les moutons, les cochons, les chèvres ou même les jaguars !

Si tu avais une mâchoire de serpent, tu pourrais avaler un ballon de plage !

En effet, les serpents avalent des proies bien plus grosses que leur tête. Leurs mâchoires ne sont pas articulées comme celles des humains :

elles s'ouvrent à la fois vers les côtés et vers le bas.

Ils sont capables de gober des animaux entiers, sans les mâcher.

La peau du serpent est très élastique. Quand sa mâchoire enserre sa proie, la peau autour de sa gueule s'étire pour laisser passer l'animal dans sa gorge.

## Les prédateurs

Les cochons, les oiseaux, les renards, les moufettes, les coyotes, et bien d'autres animaux, se nourrissent de serpents et de leurs œufs.

Les aigles et les faucons plongent sur les reptiles et les agrippent grâce à leurs serres acérées.

Le géocoucou, un oiseau qui préfère la marche au vol, chasse les

Ce rapace, un serpentaire bacha, a saisi un serpent entre ses serres.

serpents à sonnette avec son bec. Il tue sa proie en l'assommant sur le sable, avant de l'engloutir !

Mais le plus grand prédateur des serpents, c'est l'homme… Les humains tuent de nombreux serpents, même inoffensifs. Ils

détruisent leur habitat et les massacrent pour garder leur peau.

Pourtant, les serpents sont utiles, car ils mangent les rongeurs qui sont porteurs de maladies, les rats et les souris qui dévastent les récoltes. Plusieurs pays ont passé des lois pour protéger certaines espèces de serpents.

Dans quelques régions de Chine, on prépare de la soupe de serpent.

# Charmeurs de serpents

Sur les marchés en Inde, on rencontre souvent des charmeurs de serpents. Ils transportent sur leurs épaules des paniers pleins de serpents cachés sous un tissu.

Tandis que la foule se rassemble, le charmeur de serpents s'assoit par terre. Puis il soulève le tissu et commence à jouer de la flûte.

Lentement, comme hypnotisé, le serpent émerge du panier. On dirait qu'il se balance en rythme avec la musique. Comme il n'entend pas les sons, il suit ses mouvements. Le charmeur reste loin de l'animal pour éviter de se faire mordre.

Les charmeurs de serpents viennent souvent de familles qui font ce métier depuis plusieurs générations. Aujourd'hui, il y en a de moins en moins sur les marchés.

En effet, de nouvelles lois protègent les serpents et il devient difficile d'en posséder un. Les charmeurs de serpents finiront par disparaître…

SERPENTS ARBORICOLES

3

# Les espèces de serpents

Les scientifiques regroupent les différentes espèces de serpents au sein de *familles.* La plupart appartiennent à celle des *Colubridae* ou colubridés.

## Les colubridés

Parmi eux, on trouve les serpents des jardins, les couleuvres, couleuvres d'eau et couleuvres à collier. Même si certains colubridés peuvent être dangereux, tels le serpent des arbres ou le serpent liane africains, beaucoup sont inoffensifs pour l'homme. On les rencontre sur tous les continents, sauf en Antarctique.

Le serpent roi, très coloré, est le plus commun. Il vit en Amérique du Nord. Il se nourrit d'autres serpents, y compris les serpents à sonnette et mocassins d'eau.

Quand il se sent menacé, il s'enroule sur lui-même et fait le mort. Il dégage aussi une odeur affreuse qui fait fuir les prédateurs.

## Boas et pythons

Les plus longs animaux sur terre font partie des familles des *Boidae* et des *Pythonidae*, plus connues sous leurs noms de boas et de pythons.

Ces serpents possèdent des muscles puissants qui peuvent se contracter. Ils s'enroulent autour de leur proie. Puis leurs muscles se resserrent si fort autour de la victime que son cœur et sa respiration s'arrêtent.

Le python réticulé, en Asie du Sud-Est, est l'un des plus longs serpents qui existent. Il mesure près de 9 mètres. C'est un excellent nageur. On en a déjà repéré qui nageaient en pleine mer, au large.

Il existe aussi des boas et pythons plus petits, dont certains mesurent moins d'un mètre.

On trouve des pythons en Afrique, en Asie, en Australie. Aux États-Unis, dans l'État de Floride, ils ont été introduits comme animal de compagnie.

L'anaconda, une espèce de boa, est le plus grand et le plus gros serpent du monde : 250 kilos pour 9 ou 10 mètres de long !

Les anacondas sont lents sur terre. Mais, dans l'eau, ils se déplacent rapidement. Ils se nourrissent de poissons, de chèvres, de cochons, d'oiseaux, de moutons et autres.

Une fois qu'ils ont mangé, ils peuvent se passer de nourriture pendant des mois !

Ce python aquatique a le ventre plein à craquer d'avoir mangé un canard.

# Le venin

Le venin est une toxine utilisée par certains serpents pour tuer d'autres animaux. Ils l'injectent grâce à leurs crochets. Ces serpents sont dits *venimeux*.

Il existe plusieurs types de venin. Certains paralysent le système nerveux. Les fonctions vitales, comme la respiration, s'arrêtent alors, ce qui provoque la mort de l'animal.

En France, seules 1 à 5 personnes par an meurent d'une morsure de serpent, la vipère aspic le plus souvent.

D'autres empêchent le sang de se coaguler, d'autres encore attaquent les tissus ou les cellules.

C'est en Inde qu'il y a le plus fort taux de mortalité dû à des morsures de serpents : entre 10 000 et 20 000 morts par an ! L'Europe ne compte que 4 espèces dangereuses.

Les vipères tuent une trentaine de personnes chaque année.

Pour soigner une morsure de serpent, on utilise un *antivenin.* On obtient ce produit en injectant une faible quantité de venin à des animaux tels qu'une chèvre ou un cheval.

Le sang de ces animaux fabrique des défenses contre le venin, qui servent d'antivenin.

Ici, on extrait le venin d'un serpent pour mettre au point un antivenin.

## Les vipères

Les seules espèces venimeuses présentes en Europe sont les vipères. Elles appartiennent à la famille des vipéridés.

Le serpent à sonnette, le mocassin d'eau et le serpent cuivré, qu'on trouve en Amérique, appartiennent aussi à cette famille, ainsi que la vipère heurtante et la vipère du Gabon, en Afrique.

Les vipères ont de longs crochets recourbés, au bout de leur mâchoire supérieure. Au repos, ils se rétractent à l'intérieur de la gueule. Ils sortent dès que le serpent lance son attaque.

Deux sacs à venin, de chaque côté de la tête, sont reliés par des canaux aux crochets. Au moment où le serpent mord, le venin est expulsé

Les serpents à sonnette peuvent frapper en une fraction de seconde, et ce à une distance de 30 centimètres.

des sacs et envoyé dans les crochets. Il est injecté à la victime, exactement comme par l'aiguille d'une seringue.

Les serpents à sonnette constituent une grosse partie de la famille des vipères. Il en existe une trentaine d'espèces. On les appelle ainsi parce qu'ils font un bruit de crécelle avec leur queue, dont l'extrémité est composée de peaux mortes durcies et mobiles.

Quand le serpent est nerveux, il fait vibrer sa queue. Les morceaux de peau s'entrechoquent en cliquetant. À chaque mue, un bout de peau vient s'ajouter.

## Les élapidés

Les serpents de la famille des élapidés sont les plus venimeux de tous.

Ils ont des crochets plus courts que ceux des vipères, mais qui restent en place, sans se rétracter.

Leur venin attaque le système nerveux. C'est une toxine super-puissante qui paralyse la victime, entraînant une mort rapide.

Les élapidés vivent principalement en Afrique, en Amérique du Sud, en Australie et en Asie. On compte parmi eux les cobras, les bongares, les mambas, les taïpans et les vipères de la mort.

En Amérique du Nord, on rencontre seulement deux espèces d'élapidés, des serpents corail vivant dans le sud des États-Unis et au Mexique.

Le taïpan du désert et la vipère de la mort vivent en Australie. Le taïpan du désert a le venin le plus puissant au monde.

Mais il est rarement en contact avec l'homme et on a mis au point un antivenin efficace. C'est pourquoi on n'enregistre plus aucun décès par morsure de taïpan.

Qu'ils soient venimeux ou inoffensifs, qu'ils se confondent avec leur milieu ou affichent des couleurs vives, les serpents sont des animaux fascinants.

Viens avec nous rencontrer
les serpents les plus étranges !

## Le cobra royal

On le trouve en Inde, en Chine, aux Philippines et dans la péninsule malaise. Il vit habituellement près des marais et des rivières.

Il mesure jusqu'à 5 mètres. C'est le plus long serpent venimeux du monde. Sa morsure contient assez de venin pour tuer 20 hommes !

L'attaque d'un cobra est impressionnante. Il dresse le haut de son corps à 1 ou 2 mètres du sol. Il élargit son cou, qui se met à ressembler à une capuche. Puis il s'approche de sa victime, grognant tel un chien.

## Le mamba noir

C'est le serpent le plus long, le plus rapide et le plus dangereux d'Afrique. Il mesure généralement entre 2,5 et 3,5 mètres. Il est responsable de nombreuses morts.

Le venin d'une seule morsure peut tuer de 15 à 35 hommes ! Malgré son nom, le mamba noir est en réalité de couleur grise. Mais l'intérieur de sa gueule est noir d'encre, ce qui est très effrayant !

Le mamba noir évite les hommes. Mais, s'il se sent acculé, il devient très agressif.

Comme le cobra, il redresse le haut de son corps. Puis il se met à siffler. Il aplatit son cou et ouvre sa gueule bien grand, avant de frapper à la vitesse de l'éclair !

Sans l'antivenin la morsure du mamba noir est souvent mortelle. La plupart des victimes ne survivent qu'une vingtaine de minutes avant que la paralysie n'entraîne la mort.

## La couleuvre à nez plat

Elle tire son nom de l'écaille retournée au bout de son nez. Elle vit aux États-Unis et dans certaines régions du Canada. Elle aime les sols sablonneux, et son nez lui sert à creuser des terriers.

Elle est inoffensive pour les hommes, car elle se nourrit surtout de crapauds.

Lorsqu'un crapaud est attaqué et qu'il se gonfle pour se défendre, la couleuvre utilise ses petites dents acérées pour dégonfler le malheureux…

Comme le cobra, la couleuvre à nez plat se dresse à la verticale, aplatit sa tête pour paraître plus large et se met à siffler.

En cas de menace, elle frappe son prédateur. Si rien de tout cela ne marche, elle s'enroule sur elle-même, se raidit et fait le mort. Elle ouvre la gueule et sort la langue.

## Le cobra naja du Mozambique

Il est originaire d'Afrique. Il est petit, fin et de couleur grise. S'il se sent menacé, il se dresse, gonfle son cou et crache son venin aux yeux de son attaquant.

Le venin peut atteindre sa cible à une distance de 2,5 mètres. S'il touche les yeux, il peut rendre aveugle.

Le naja mord s'il se sent menacé. Son venin détruit la peau et les tissus de sa victime. Comme la couleuvre à nez plat, ce serpent fait le mort pour mieux tromper un prédateur.

Il se nourrit d'oiseaux, d'œufs, d'insectes et de petits animaux.

## Le serpent corail

Ce petit serpent aux couleurs vives est un proche parent des cobras, mambas et serpents de mer.

Il est orné d'anneaux rouges, noirs, jaunes et blancs. On le trouve principalement au sud des États-Unis, surtout en Floride.

Il mesure rarement plus de 60 centimètres. C'est un chasseur nocturne qui traque ses proies tôt le matin ou tard le soir. Il sort souvent après une grosse averse.

Le serpent corail est craintif. Quand il se sent menacé, il enroule sa queue très serré. Ses petits crochets injectent un venin très toxique qui attaque les nerfs, entraînant la paralysie et la mort. Le serpent corail s'accroche à sa victime pour lui inoculer le plus de venin possible. Pourtant ce grand timide s'en prend rarement aux hommes. Quand ça arrive, c'est généralement qu'on a voulu l'attraper.

Depuis que l'antivenin du serpent corail a été trouvé, en 1967, une seule mort provoquée par sa morsure a été enregistrée.

4

# Les lézards

Les lézards comptent plus d'espèces que n'importe quelle autre famille de reptiles. Ce sont des proches parents des serpents.

De nombreux scientifiques affirment même que les serpents forment un groupe de lézards sans pattes.

Les lézards ont des paupières mobiles, un corps allongé et prolongé d'une longue queue, un cou trapu et une petite tête.

Le plus petit est le jaragua, ou gecko nain. Il mesure moins de 2 centimètres et peut tenir sur l'ongle de ton pouce !

Le plus grand est le dragon de Komodo. Il fait partie de la famille des varans et vit sur des îles désertes d'Indonésie. Il atteint les 3 mètres, et c'est un animal féroce avec des dents semblables à celles du *Tyrannosaurus rex.*

Son venin est mortel : il entraîne la mort de ses victimes par hémorragie. Les dragons de Komodo sont connus pour avoir déjà attaqué et tué des hommes.

## L'habitat

Les lézards vivent dans les déserts, les marais, les bois et les forêts tropicales. Certains, comme l'iguane marin, passent le plus clair de leur temps dans l'eau. D'autres habitent au sommet des arbres ou dans des tanières.

Les lézards hibernent durant la saison froide. Les lézards des déserts,

Quand il se sent menacé, le lézard à cornes fait jaillir du sang de ses yeux, qu'il projette à 1,5 mètre de hauteur !

tels le gecko d'Okinawa ou le lézard à cornes, dorment sous le sable pendant les heures chaudes. Ils chassent la nuit, quand il fait plus frais.

## La peau

Certains lézards, comme le caméléon, ont la peau qui change de couleur. Ils deviennent ainsi verts, roses, bleus ou jaunes pour se protéger des prédateurs, quand ils sont effrayés, ou bien à cause d'un changement de température.

## Se déplacer

Les lézards ont 4 pattes. Ils sont d'excellents coureurs ou grimpeurs. Le plus rapide est le coureur à 6 lignes, qui atteint la vitesse de 30 kilomètres à l'heure !

Les geckos ont des centaines de poils microscopiques sous leurs pattes qui les aident à s'agripper aux surfaces planes. Ils peuvent ainsi grimper aux murs, aux plafonds et même le long d'une vitre !

Certains lézards utilisent leur queue comme un bras supplémentaire : elle s'accroche aux branches tandis qu'ils escaladent les arbres. Elle leur assure leur équilibre quand ils courent.

Le basilic commun peut courir sur 2 pattes, même sur l'eau !

Le lézard volant de Sumatra possède 2 replis de peau de chaque côté du corps, qu'il utilise comme des ailes pour planer dans les airs.

D'autres lézards s'en servent pour emmagasiner de la graisse, quand la nourriture se fait rare.

Certains lézards abandonnent leur queue en cas d'attaque. Il suffit qu'un prédateur la saisisse pour qu'elle se détache, ce qui permet aux lézards de s'échapper.

Plusieurs lézards possèdent une queue aux couleurs vives. En cas de menace, ils l'agitent devant le prédateur dans l'espoir qu'il s'en prendra à celle-ci avant leur tête…

Certains reptiles ont la queue qui repousse, d'autres devront vivre sans.

La morsure des monstres de Gila est venimeuse, de même que celles des dragons de Komodo et des lézards perlés.

## La nourriture

Les lézards ne mangent pas tous la même chose. Les plus petits se régalent d'insectes et de vers.

L'iguane marin plonge sous l'eau pour se nourrir d'algues sur les rochers. Le monstre de Gila dévore de petits animaux, dont des insectes.

Le lézard des palissades est *omnivore* : il mange aussi bien des plantes que des animaux.

## Les sens

La plupart des lézards ont une bonne vue. Ils ont aussi de petites oreilles externes qui leur permettent d'entendre. Ils ont l'ouïe plus développée que les serpents. Leurs tympans sont situés sous la peau.

Le dragon de Komodo mange aussi des animaux morts, qu'il renifle à des kilomètres.

Tout comme les serpents, les lézards utilisent leur langue et leur organe de Jacobson pour capter les odeurs. L'odorat les aide à trouver un partenaire et à repérer leurs prédateurs et leurs proies.

Les caméléons sont les animaux qui, par rapport à leur taille, ont la langue la plus longue. Ils la rentrent

Ce caméléon de Méditerranée attrape une mouche avec sa langue démesurée.

et la sortent à la vitesse de l'éclair. Ils peuvent épingler un insecte au bout de leur langue gluante en un battement de cils.

Au repos, ils la gardent repliée au fond de leur gueule.

## Les bébés lézards

En période d'accouplement, les mâles travaillent dur pour séduire la femelle ! Certains affichent de belles couleurs ou gonflent leur gorge.

D'autres dodelinent de la tête ou même se battent.

Des espèces, comme l'anolis, ont un *fanon*. C'est un bourrelet de peau flottante sous le cou. Les mâles le gonflent et bougent la tête pour attirer les femelles.

Ce mâle anolis peut rester ainsi des heures avec la gorge gonflée.

Quelques lézards sifflent. Les geckos sont les seuls à produire plusieurs types de sons. Pour séduire la femelle, ils rougissent et font de petits bruits de stridulation, des glapissements et des cliquetis.

La plupart des lézards pondent des œufs. Mais certains donnent naissance à des petits déjà formés. Comme les serpents, ils ne s'en occupent pas.

## La nuit des iguanes

En 2010, il y a eu un hiver très froid dans l'État de Floride, aux États-Unis. Par une nuit glaciale, les habitants ont cru entendre la pluie s'abattre sur les toits.

Le lendemain matin, ils ont constaté que c'étaient des iguanes qui étaient tombés des arbres ! L'air froid avait ralenti leurs fonctions vitales, au point qu'ils ne pouvaient plus bouger. Une fois réchauffés par le soleil, nombre d'entre eux ont vite récupéré.

Un homme a trouvé des iguanes apparemment morts dans son jardin. Il les a ramassés et emmenés dans sa voiture pour les enterrer plus loin. Mais, au contact de la chaleur, les iguanes se sont réveillés.

Imaginez la surprise de l'homme en découvrant que sa voiture était pleine d'iguanes bien vivants !

Les iguanes sont originaires d'Amérique du Sud et ne peuvent pas vivre sous des climats froids. Ils ont été importés en Floride et vendus en animalerie.

Beaucoup se sont échappés ou ont été relâchés. Ce n'est jamais une bonne idée d'arracher un animal à son milieu naturel.

# La contrebande de reptiles

Les collectionneurs de reptiles paient très cher pour avoir certaines espèces.

Lorsque des contrebandiers se font arrêter, ils risquent une grosse amende, et même un séjour en prison.

En 2009, un homme a tenté de passer du Danemark en Norvège avec 14 bébés pythons inoffensifs fourrés dans des chaussettes attachées autour de sa poitrine. Il transportait aussi 10 geckos albinos dans de petites boîtes nouées autour de ses jambes (sans parler de la tarentule dans sa valise !).

En arrachant les reptiles à leur milieu naturel, on leur fait du mal.

Et, lorsqu'ils s'échappent, sont relâchés ou élevés dans un autre milieu que le leur, ils causent aussi beaucoup de tort aux autres animaux et à leur habitat.

# 5

# Les crocodiliens

Les crocodiliens existent depuis plus de 240 millions d'années. Et ils n'ont pas beaucoup changé au cours des derniers 84 millions d'années…

Le mot « crocodilien » est souvent abrégé en « croco ».

Comme leurs ancêtres du Crétacé, ils possèdent une longue queue, 4 pattes et un corps recouvert d'écailles.

Leur mâchoire est très puissante : ils ont des rangées de dents acérées. Ce sont de proches parents des dinosaures et des oiseaux.

# Où vivent les crocodiliens ?

Il existe 4 grands groupes de crocodiliens présents dans 81 pays du monde.

**L'alligator**
Longueur : jusqu'à 3,5 mètres

**Le caïman**
Longueur : jusqu'à 5,5 mètres

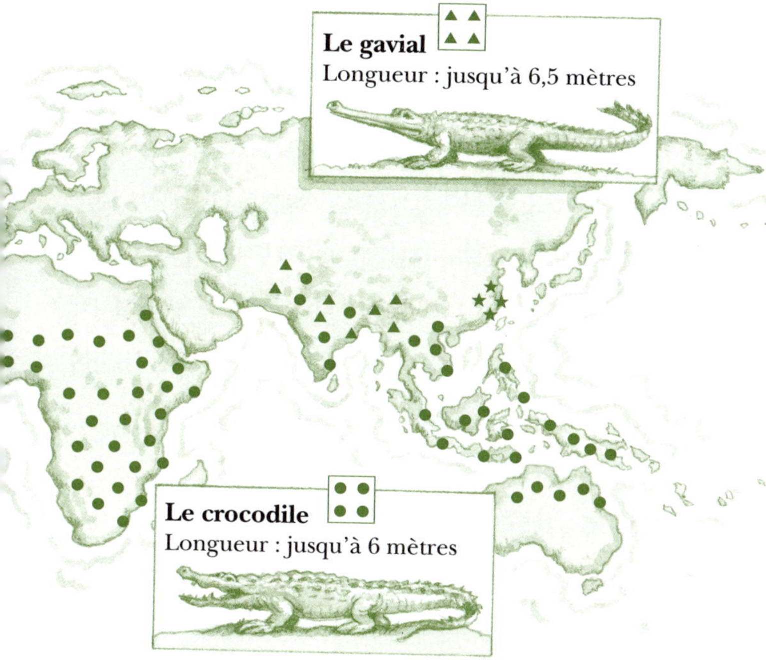
Le gavial
Longueur : jusqu'à 6,5 mètres
Le crocodile
Longueur : jusqu'à 6 mètres

Les crocodiliens vivent dans les régions chaudes. Ce sont des animaux *semi-aquatiques* qui passent beaucoup de temps dans l'eau. Ils s'épanouissent dans les marais, les rivières, les lacs, les étangs et même, pour le crocodile marin, dans l'océan.

Sous l'eau, le croco protège ses yeux. Il ferme ses paupières transparentes, qui jouent en quelque sorte le rôle de lunettes de natation. Une valve vient bloquer ses narines, lui évitant ainsi de se noyer.

Comme les autres reptiles, les crocodiliens possèdent des poumons. Mais ils peuvent rester sous l'eau sans respirer pendant très longtemps ! L'alligator du Mississippi peut rester 2 heures en apnée !

Les crocodiles et les gavials vivent aussi bien dans les eaux douces que dans la mer. Ils possèdent des glandes spéciales sur la langue pour éliminer le sel. Les alligators et les caïmans, qui n'ont pas ce genre de glandes, préfèrent les eaux douces.

On a repéré des crocodiles marins jusqu'à 1 000 kilomètres des côtes !

Les crocos se servent de leur queue puissante pour nager. Ils la font onduler de droite à gauche, comme le gouvernail d'un bateau.

Ils sont capables d'emmagasiner la graisse dans leur queue. Ils se passent de nourriture pendant plusieurs semaines, voire des mois.

## Techniques de chasse

Les crocodiliens se cachent dans l'eau et attendent que des animaux viennent boire.

Ce croco qui flotte ressemble à un tronc d'arbre.

Les crocodiliens voient bien sur terre, mais mal sous l'eau. Ils repèrent leur proie grâce à des fosses sensorielles réparties le long de leurs mâchoires.

Ils détectent ainsi la moindre vibration. Ils ont aussi un très bon odorat.

## Marche haute et marche basse

Les crocodiliens ont deux types de marche.

La marche haute : ils soulèvent leur corps à l'aide de leurs pattes. Ils évitent ainsi les rochers et autres obstacles. On dirait qu'ils se promènent tranquillement.

La marche basse : leur corps touche presque le sol. De cette manière, ils

se déplacent plus vite. Ils se mettent en marche basse quand ils se sauvent ou pourchassent une proie.

Ils peuvent alors atteindre une quinzaine de kilomètres à l'heure.

## Des mâchoires et des dents

Les crocos se nourrissent d'oiseaux, de chauves-souris, de tortues, de petits cerfs et d'autres animaux. Leurs dents acérées se referment solidement sur leur proie. Ils l'avalent par morceaux, sans mâcher.

Les crocodiliens, contrairement aux autres reptiles, perdent fréquemment leurs dents, lesquelles sont aussitôt remplacées.

Les nouvelles dents viennent combler les trous laissés par les anciennes.

Le croco exerce une telle pression quand il mord, que rien ne peut lui faire lâcher sa proie.

Au cours de sa vie, il pousse environ 3 000 dents à un crocodilien !

Les crocos ont des mâchoires si puissantes qu'ils sont capables d'écraser sans effort des os ou la plus dure des carapaces de tortue.

Le gavial a des mâchoires si étroites qu'il ne mange que du poisson.

## Des œufs et des bébés

Pendant la saison des amours, les crocos mâles font beaucoup de bruit. Ils mugissent et rugissent pour attirer les femelles. Après l'accouplement, celles-ci pondent leurs œufs dans les herbes ou les feuilles, ou dans des trous.

Les femelles crocos protègent plusieurs mois leurs œufs, jusqu'à l'éclosion. Quand ils sont prêts, les bébés se mettent à couiner dans leur coquille.

Puis, comme les serpents, ils se servent de leur dent de délivrance pour briser leur coquille. Parfois leur mère les aide en la grignotant un peu.

Après l'éclosion des œufs, la femelle prend ses petits dans sa

Pour séduire une femelle, il arrive que le mâle se batte en donnant des coups de tête à son rival.

Ces bébés alligators ont droit à un tour gratuit sur le dos de leur mère.

gueule et les transporte jusqu'au point d'eau. Elle va les surveiller pendant un an, voire plus.

## Alligator ou crocodile ?

On confond souvent les deux. Les alligators ont des mâchoires plus rondes, plus courtes et plus larges que celles des crocodiles. Ils sont aussi plus foncés.

Chez les crocodiles, quand ils ont la gueule fermée, la quatrième dent de leur mâchoire inférieure dépasse : pas chez les alligators.

Il existe un endroit où cohabitent alligators et crocodiles, c'est le Parc marécageux des Everglades, en Floride.

# La légende de Gustave le croco

On raconte qu'un crocodile tueur vit au Burundi, en Afrique.

Les Africains l'ont surnommé Gustave. Ils le reconnaissent à sa cicatrice sombre sur le haut de sa tête. Il mesurerait 7,5 mètres et pèserait une tonne.

Beaucoup d'habitants pêchent, se lavent, se baignent ou nagent dans les eaux du fleuve Rusizi et du lac Tanganyika. Selon la légende, Gustave passerait

du fleuve au lac pendant la saison des amours. Il sèmerait dans son sillage des corps à demi dévorés. Il aurait tué 300 personnes !

Mais les scientifiques n'y croient pas. D'après eux, le nombre de victimes est invraisemblable.

D'ailleurs, aujourd'hui personne n'a encore réussi à prouver que ce crocodile existait vraiment ni à le capturer.

6

# Tortues terrestres et marines

Les tortues sont apparues il y a plus de 200 millions d'années.

D'après les fossiles retrouvés, on sait que certaines mesuraient plus de 3 mètres, pour un poids de plusieurs tonnes ! Aujourd'hui, leur taille varie entre 10 centimètres et 2,5 mètres environ.

De nombreuses tortues d'eau douce vivent dans les étangs, les marais et les lacs. Leurs pattes palmées en font d'excellentes nageuses. Elles sortent de l'eau pour se prélasser au soleil ou pondre leurs œufs.

Les tortues de mer ont des nageoires et des corps profilés pour la nage rapide. Elles passent la plus grande partie de leur vie au large. Les femelles ne gagnent le rivage que pour la ponte.

Malgré son poids, la tortue luth peut nager à plus de 30 kilomètres à l'heure.

La tortue luth est la plus grande d'entre elles. Elle mesure 2,5 mètres et pèse jusqu'à une tonne.

Les tortues terrestres sont en général plus grosses que les tortues de mer. Comme elles vivent sur terre, elles n'ont pas de pattes palmées ni de nageoires. Elles marchent à l'aide de leurs pattes petites et rondes.

## La carapace

La carapace est la partie du squelette qui protège l'animal. La plupart du temps, elle est constituée d'une soixantaine d'os recouverts de scutelles. Les os sont reliés à la colonne vertébrale et aux côtes.

Les tortues ne peuvent pas quitter leur carapace. Elles grandissent avec elle.

La tortue luth, qui a une carapace plus souple, plus légère et plus flexible, plonge parfois à 1 000 mètres de profondeur. Avec une carapace rigide, elle serait écrasée par la pression de l'eau.

Certaines espèces, comme la tortue tabatière, peuvent rétracter leur tête et leurs pattes à l'intérieur de leur carapace.

Les scientifiques devinent l'âge d'une tortue d'après les anneaux de croissance sur sa carapace.

D'autres ne peuvent y abriter qu'une partie de leur corps. Les tortues du type *pleurodires* plient leur cou contre leur carapace pour protéger leur tête et leur cou.

Cette tortue pleurodire cache sa tête et son cou dans le sillon entre les deux moitiés de sa carapace.

## Des œufs sur la plage

Une fois par an, un spectacle merveilleux a lieu sur certaines plages à travers le monde. Des centaines de tortues de mer femelles rampent sur le rivage par une nuit sans lune.

Les tortues retournent toujours à la plage qui les a vues naître. Avec leurs nageoires, elles creusent des trous dans le sable et y pondent leurs œufs.

Ensuite elles regagnent lentement la mer. Environ 50 jours plus tard, les œufs éclosent. Guidés par la lumière reflétée par l'eau, les bébés se dirigent droit vers l'océan.

Toutes les tortues pondent des œufs. Elles les enterrent habituellement dans le sol, ou bien sous des feuilles ou des broussailles. La plupart des femelles quittent leur nid juste après la ponte. Les œufs de tortues sont alors souvent en danger : les oiseaux, les moufettes, les serpents et certains insectes en raffolent. Ainsi que les humains…

Les tortues de mer pondent en moyenne 150 œufs en une fois, parmi lesquels seule une poignée de bébés tortues survit…

## La nourriture

Beaucoup de tortues sont omnivores, ce qui signifie qu'elles mangent aussi bien des plantes que des insectes ou d'autres petits animaux.

La tortue serpentine avale tout ce qu'elle trouve : plantes aquatiques, oiseaux, poissons, serpents et même des animaux morts.

Quelques tortues, telles les tortues terrestres, sont strictement végétariennes. D'autres tortues, telle la tortue verte, se nourrissent de crevettes, de crabes, de poisson, de palourdes et même de méduses.

Les tortues ont une bonne vue, surtout la nuit. Elles ont aussi un bon sens du toucher et une bonne ouïe. Les tortues serpentines et les

La tortue des Galapagos mange beaucoup de plantes. Et ça se voit : elle pèse plus de 250 kilos !

La tortue serpentine a une morsure très puissante.
Tu ne dois jamais en toucher ou en ramasser une !

tortues de mer chassent leurs proies. Les autres espèces préfèrent rester à l'affût.

Les tortues n'ont pas de dents, mais un bec acéré, comme celui des oiseaux, avec lequel elles tranchent et mâchent leur nourriture.

Les tortues terrestres et marines ont survécu pendant des millions d'années. Elles ressemblent beaucoup à leurs ancêtres préhistoriques.

Aujourd'hui certaines espèces sont menacées, surtout les tortues de mer. Les hommes les chassent pour se nourrir.

Mais ils utilisent aussi leur carapace, qu'ils transforment en ornements, et leur peau dont ils font du cuir. En bâtissant des immeubles sur le littoral, les hommes ont détérioré l'habitat des tortues.

Heureusement, partout dans le monde, des personnes travaillent dur pour préserver cet animal si ancien et fascinant.

La tortue des bois nord-américaine frappe le sol de ses pattes, pour imiter le bruit de la pluie et faire sortir les vers de terre.

# Les mythes chinois de la tortue

Dans l'Antiquité, en Chine, circulaient de nombreuses légendes sur les tortues. Les Chinois pensaient qu'elles détenaient les clés de la sagesse, d'une longue vie et d'une bonne santé.

Pendant des siècles, ils ont étudié le dessin de leurs carapaces dans l'espoir d'y lire l'avenir.

Selon la mythologie chinoise, le monde entier repose sur le dos d'une tortue.

D'après une légende, un personnage nommé Fu Xi aurait découvert l'écriture en examinant les tortues. Il était convaincu que le ciel et la terre avaient marqué leur carapace de leur empreinte.

À Taiwan, encore aujourd'hui, on achète des tortues faites de farine, car elles portent chance pour l'année.

Les Chinois croient aussi que caresser la carapace d'une tortue est symbole de chance.

# 7

## Quel avenir pour les reptiles ?

As-tu déjà entendu parler des trous d'alligator ? Pendant la saison sèche, ces reptiles creusent des trous dans les marécages.

Même quand il ne pleut pas, ces trous sont pleins d'eau. Année après année, les alligators les agrandissent. Ces animaux ne pourraient pas survivre sans l'eau qu'ils y trouvent.

La nature est comme une chaîne composée de plusieurs maillons. Chaque animal ou plante est nécessaire pour la sauvegarde de la planète.

Par exemple, quand les tortues de mer mangent les plantes aquatiques, elles empêchent les mauvaises algues d'envahir les lacs et les étangs. Quand les lézards mangent les moustiques et autres insectes, ils contrôlent leur population. Quand les serpents mangent les rats et les souris, ils protègent les récoltes. Les reptiles sont un maillon indispensable pour garder au monde son équilibre.

## Les reptiles et la science

Les reptiles sont aussi précieux pour la médecine. Certains remèdes contre les problèmes cardiaques et l'hypertension proviennent du venin d'un serpent brésilien.

On produit aussi des médicaments et crèmes antidouleur à partir de composants chimiques présents dans le venin de serpent. Les chercheurs pensent aujourd'hui pouvoir ralentir la progression des cancers grâce aux substances contenues dans le venin.

Les scientifiques apprennent également à mieux connaître les changements climatiques en étudiant les différentes populations de reptiles. La moindre hausse de température peut nuire à de nombreuses espèces.

Et, comme les tortues montrent très peu de signes de vieillissement, les chercheurs espèrent, grâce à elles, découvrir les secrets de la longévité.

## Sauvons les reptiles

Les habitats des reptiles sont constamment pollués et détruits. La vente illégale de reptiles nuit aussi beaucoup à leurs populations.

Aujourd'hui, des groupes de pays différents travaillent ensemble à la protection des espèces de reptiles en danger. Ils sont particulièrement inquiets du sort réservé à la tortue

luth, et font tout ce qu'ils peuvent pour la préserver.

Ils prennent soin des tortues blessées en mer.

Il faut tout faire pour sauver les reptiles : la survie des dragons de Komodo, des monstres de Gila, des caméléons, des couleuvres à nez plat ou des tortues luth dépend aussi de toi...

# Pour en savoir plus

Il te reste encore beaucoup à apprendre sur les serpents et autres reptiles. Complète tes connaissances en explorant d'autres pistes.

## Les livres

Les librairies et les bibliothèques regorgent d'ouvrages enrichissants. Suis ces quelques conseils :

**1. Tu n'es pas obligé** de lire le livre en entier.

Consulte la table des matières ou l'index pour aller directement à ce qui t'intéresse.

**2. N'oublie pas de noter** le titre pour pouvoir le retrouver facilement.

**3. Ne te contente pas de recopier** le texte mot pour mot.

Il vaut mieux le récrire avec tes propres mots.

**4. Assure-toi** qu'il s'agit bien d'un ouvrage documentaire.

Nous avons consulté des documentaires qui s'intéressent aux reptiles.

Si tu n'es pas sûr que ton livre est bien un documentaire, demande à un bibliothécaire ou à ton professeur de t'aider.

Voici des livres sur le sujet écrits récemment :

- *De si surprenants serpents*, de Caroline Laffon et Catherine-Jeanne Mercier, Belin Jeunesse, 2011.

• *Le serpent*, coll. , « Nature en vue », Mango Jeunesse, 2014.

• *Les serpents*, de Stéphane Frattini, coll. « C'est ma passion », Milan, 2007.

• *Les serpents*, de Bobbie Kalman et John Crossingham (Auteur), Bayard Canada Livres, 2006.

• *Tous les serpents du monde*, de Stéphane Frattini, Milan Jeunesse, 2002.

• *Surprenants serpents et lézards*, de Rafi Toumayan, coll. « Voir », Fleurus, 2007.

• *Reptiles*, de Barbara Taylor, coll. « Dossier du Muséum », Milan Jeunesse, 2011.

• *La tortue*, coll. « Nature en vue », Mango Jeunesse, 2014.

• *Le crocodile, terreur du fleuve*, de Valérie Tracqui, coll. « Mini-Patte », Milan Jeunesse, 2008.

## Les musées et zoos

De nombreux musées et zoos consacrent une section aux reptiles. Lorsque tu vas dans un musée, n'oublie pas de :

1. **Prendre un carnet.** Note ce qui t'intéresse et dessine ce qui t'attire l'œil.

2. **Poser des questions.** Il y a toujours un membre du personnel du musée qui peut t'aider à t'orienter.

3. **Consulter le calendrier** des expositions temporaires ou des activités pour les enfants.

**En France, il faut absolument visiter ces lieux dédiés aux reptiles :**

**Le palais des reptiles de la Ménagerie du Jardin des Plantes**
57, rue Cuvier,
75005 Paris
Renseignements au 01 40 79 56 01
http://www.mnhn.fr

**Alligator Bay**
62, route du Mont-Saint-Michel
50170 Beauvoir
Renseignements au 02 33 68 11 18
http://www.alligator-bay.com

**La Ferme des Reptiles**
Brouzenac, route d'Allières
09240 La Bastide-de-Sérou
Renseignements au 05 61 65 82 13
http://www.lafermedesreptiles.fr

**Reptiland**
Puy Lombry, D840
46600 Martel
Renseignements au 05 65 37 41 00
http://www.reptiland-le-renouveau.fr

Certains parcs réunissent plus particulièrement un groupe de reptiles :

**Le Village des Tortues**
Quartier des plaines
83590 Gonfaron
Renseignements au 04 94 78 26 41
http://www.villagetortues.com

**La Ferme aux Crocodiles**
395, allée de Beauplan
26700 Pierrelatte
Renseignements au 04 75 04 33 73
http://www.lafermeauxcrocodiles.com

Si tu souhaites partir sur les traces de leurs ancêtres les dinosaures, tu peux visiter les lieux suivants :

**La galerie de paléontologie du Muséum national d'Histoire naturelle**
2, rue Buffon, 75005 Paris
Renseignements au 01 40 79 56 01
http://www.mnhn.fr

**Musée des Dinosaures**
Route départementale 613
34140 Mèze
Renseignements au 04 67 43 02 80
http://www.dinosaure.eu

**DINOSAURIA**
1, place Maréchal de Lattre
de Tassigny, 11260 Espéraza
Renseignements au 04 68 74 02 08
http://www.dinosauria.org

## Les films

Il existe des vidéos qui traitent de ces animaux :

**Dangereux prédateurs**
coffret 3 DVD : Serpents – reptiles – araignées, Studio Zylo, 2006.

**Dangereux reptiles**
coffret 4 documentaires : Serpents d'Afrique, mortelle rencontre ; Cobra, les souverains de l'Inde ; Anaconda, les géants du Venezuela ; Les armes du crocodile, coll. « National Geographic », Studio Canal, 2004.

**Serpents géants : Mangeurs d'hommes**, coll. « National Geographic », Canal + vidéo, 2012.

## Internet

Tu trouveras de nombreux sites sur ces animaux. Assure-toi qu'ils sont mis à jour régulièrement, c'est-à-dire qu'ils contiennent des informations revues et corrigées en fonction des recherches les plus récentes.

Voici les sites que Tom et Léa ont consultés. Demande à tes parents ou à ton professeur de t'aider à naviguer sur Internet.

- https://fr.vikidia.org/wiki/Serpent
- http://www.batraciens-reptiles.com
- http://www.maumautte.com/tortues/tortue.php
- http://www.reptimania.com/accueil.html
- http://serpent.cheloniophilie.com

*Bonne découverte !*

# Index

## Crédits iconographiques

P. I : Serpent Thamnophis © Sam Ives/Shutterstock ; Fond : jungle © Sam Spicer/Shutterstock

P. II-III : Fond : jungle © Sam Spicer/Shutterstock ; Boa constricteur © Patrick K. Campbell/Shutterstock ; Tortue géante des Seychelles © Mike Price/Shutterstock ; Crocodile du Nil © PRILL/Shutterstock ; Python royal © fivespots/Shutterstock ; Cobra royal © Chilli Productions/ Shutterstock ; Varan de Komodo © Ekaterina V. Borisova/Shutterstock

P. IV : Charmeur de serpent © Pikcandy/Shutterstock ; Extraction de venin © LittleStocker/Shutterstock

P. 15 : © Australia Zoo ; p. 46 : © Nathan Benn/Alamy ; p. 25 : © Paul Chesley/National Geographic Stock ; p. 67, 71 : © Stephen Dalton/ Minden Pictures ; p. 85 : © W. Davidson/Photo Researchers ; p. 32 : © Michael & Patricia Fogden/Minden Pictures ; p. 72 : © Michael & Patricia Fogden/Minden Pictures/National Geographic Stock ; p. 103 : © Paul Fusco/Photo Researchers ; p. 23 : © imagebroker/Alamy ; p. 98 : © Brian Kenney ; p. 26, 68 : © Tim Laman/National Geographic Stock ; p. 90 : © Tom & Pat Leeson/ardea.com ; p. 14 : © Alessandro Mancini/ Alamy ; p. 10 : © Yannis Emmanuel Mavromatakis/Alamy ; p. 28 : © Joe McDonald ; p. 65 : © Raymond Mendez ; p. 110, 111 : © Photofusion Picture Library/Alamy ; p. 36 : © Jagdeep Rajput/ardea.com ; p. 86 : © Bert de Ruiter/Alamy ; p. 84 : © Cyril Ruoso/JH Editorial/Minden Pictures ; p. 102 : © Bryan L. Sage/ardea.com ; p. 48 : © Joel Sartore/ joelsartore.com ; p. 34 : © Karl Switak/Photo Researchers ; p. 87 : © David Tipling/npl/Minden Pictures ; p. 30 : © Jason Venus/npl/ Minden Pictures ; p. 69 : © Tom Vezo/Minden Pictures ; p. 44 : © Frank Woerle/Auscape/Minden Pictures.

# Les Carnets de la Cabane Magique

## Tu as aimé ce livre ?
## Découvre toute la collection !

Les Carnets
Cabane Magique
10
Au fond des océans
bayard poche

Les Carnets
Cabane Magique
11
Le *Titanic*
bayard poche
Mary Pope Osborne
et Will Osborne

Les Carnets
Cabane Magique
12
À la rencontre
des colons d'Amérique
bayard poche
Mary Pope Osborne
et Natalie Pope Boyce

Les Carnets
Cabane Magique
13
Volcans, séismes
et tsunamis
bayard poche
Mary Pope Osborne
et Natalie Pope Boyce

Les Carnets
Cabane Magique
14
La vie au pôle Nord
bayard poche
Mary Pope Osborne
et Natalie Pope Boyce

Les Carnets
Cabane Magique
15
Léonard de Vinci,
un génie
bayard poche
Mary Pope Osborne
et Natalie Pope Boyce

Les Carnets
Cabane Magique
16
Les monstres marins
bayard poche
Mary Pope Osborne
et Natalie Pope Boyce

Les Carnets
Cabane Magique
17
Lutins, fées et farfadets
bayard poche
Mary Pope Osborne
et Natalie Pope Boyce

Les Carnets
Cabane Magique
18
Les fantômes
bayard poche
Mary Pope Osborne
et Natalie Pope Boyce